ADOLFO DE PAZ

TEORÍA ESTÉTICA Y POLÍTICA

SEGUNDA EDICIÓN, 2017

ADOLFO DE PAZ

TEORIA ESTÉTICA Y POLITICA

Segunda edición,
Diciembre 2017

© Gustavo Adolfo de Paz Marín, 2007
Reservados todos los derechos

Está totalmente prohibido cualquier tipo de reproducción, tanto de imágenes como de texto, sin el permiso del autor.

ADOLFO DE PAZ

TEORÍA ESTÉTICA Y POLÍTICA

PRÓLOGO

Situarse como escritor de Filosofía en medio de la tormenta, en el interior de la sociedad totalitaria siendo testigo de un sistema injusto. No evadirse del presente histórico y no perderse en abstracciones teóricas ni en suficiencias académicas, estas son las razones y objetivos de este libro.
Puesto que la subjetividad se encuentra actualmente en la nada productiva del mercado el anhelo de libertad parece grotesco, pero si el dolor es auténtico entonces este escrito pertenece a lo concreto. Nuestra identidad sólo tiene coherencia como negación del aparato opresor y en la lucidez que conduce a lo diferente.

Adolfo de Paz, Madrid 8 de diciembre de 2004.

I.
EL ABISMO DE LA ESTÉTICA

"Por cada Filosofía hay mil abismos inciertos"

El sentimiento de la fragilidad

Percibir que todo es frágil, efímero, precario, que incluso la vida no es profunda, es algo tan poético como inquietante.

La Metafísica ha intentado reemplazar (o esconder) ese sentido de lo inestable creando los conceptos de substancia, esencia, Dios, absoluto, Razón y Verdad; vanos intentos de negar lo evidente. Incluso la Lógica formal es un recurso retórico contra una debilidad del lenguaje que es insuperable.

El origen de la Metafísica se halla en ese miedo ante nuestras debilidades, ante nuestro frágil devenir. Ser coherente y tomar conciencia de que lo frágil e inestable es nuestra determinación nos convierte en seres indeterminados, en no seres, y nos conduce al materialismo no complaciente, al que no cree ni en la materia. Fragilidad en los estados, libertad en el temor.

La superación de lo frágil se remonta hasta el origen del fanatismo, al de las teorías de la Totalidad. Ni siquiera Hegel pudo negar algo tan obvio y eso mismo resultó ser la puerta trasera por la que entraron los artilleros de su sistema: estaba inserto en su dialéctica, desbordaba su Fenomenología.

Pensar los momentos dramáticos, en la debilidad, nos hace fuertes al saber que somos vulnerables. Estética de lo vulnerable que se traduce en una ética del Eros, en lo fraterno. Pensamiento de la belleza terrible, música del abismo. He aquí el sentir de la Filosofía.

Los límites del sentido

¿De dónde proviene nuestra noción de infinito tan ampliamente expuesta en la Historia de la Metafísica? Probablemente del cambio constante que se da en el entorno y en nosotros mismos. Entonces, ¿cómo puede desarrollarse el concepto de unidad, totalidad y fundamento a partir de esa noción si no es negando su propio sentido? La idea de infinito es la abstracción del cambio y a la vez su negación en las filosofías racionalistas desde la Metafísica griega hasta el presente. De este modo es posible negar el devenir, pero sólo es posible en un ámbito trascendente.

El núcleo de la Metafísica occidental se mantiene en diversas interpretaciones: desde el Ser de Heidegger hasta la Teodicea de Horkheimer - Adorno. Horkheimer necesita de lo "absolutamente otro", es decir, de la diferencia radical, para poder salvar una esfera de libertad en el mundo administrado. Pero esta libertad es abstracta y derivada del neokantismo. Su interpretación sería un Metafísica negativa, incluso un antifundamento. Percibió que con el mundo enteramente racionalizado sólo el anhelo de lo diferente permitiría el criterio y la libertad individual. Horkheimer intentó salvar un sentido último del mundo y con ello del hombre recuperando parte de la tradición Metafísica. Pero saber que existe un mundo diferente, que otro mundo es real y posible no es ninguna utopía. Simplemente se demuestra desde la falsedad de este mundo y la misma mentira de que hay un mundo realizado.

La Filosofía de la realidad es hecha desde la realidad; si la realidad es un abismo, entonces también lo es para la Filosofía.

Los sistemas filosóficos son obras de arte, su verdad supera al arte porque se justifican ante la praxis. Incluso la actual racionalidad técnica es una creación estético práctica que niega la verdadera trascendencia del arte, y esta trascendencia supone una liberación porque aporta un sentido desde la subjetividad a la objetividad, es una emancipación porque recupera la fiesta, el sentido individual y colectivo, y niega tanto la Metafísica como la realidad funcionalista adaptativa; está por encima del mundo de la enajenación y la opresión. Esta trascendencia no parte de un concepto como el de infinito para luego acotar la totalidad, para el sentido estético no hay límites, el infinito es un punto de vista concreto. Una estética liberada es aquella que se orienta hacia el objeto, pero no para desvelar ese objeto o su significado sino para otorgarle un sentido y un significado desde la posición vital desde la que se encuentre. El arte ha sido visto como contemplación, pero el arte es racionalización. La diferencia entre el arte o la racionalidad estética y la demás racionalizaciones de la actualidad consiste en su falta de dogmatismo, en que su espiritualidad concreta no se fundamenta en el mito empírico o en el infinito conceptual.

Teoría de la metáfora

¿Por qué se considera la Naturaleza como un espacio de libertad?, ¿de dónde proviene su idealización estética?

La Naturaleza desborda los límites de una cultura, precisamente, porque su interpretación (o racionalización) es cultural. La transformación en conceptos de las esferas irracionales como el mundo natural sintetizado en biológico, químico y físico, como la muerte, o el denominado universo o el Ser, han provocado una racionalización absoluta de la cultura, o la cultura como verdad y realización absoluta. Los mitos han desembocado en un sistema único y unitario denominado Metafísica. Al hacer abstracción de la muerte y de la Naturaleza, éstas se incorporan a la lógica sociocultural pero no pueden perder su irracionalidad, por lo tanto, su idealismo estético se mantiene. Se observa la Naturaleza y más aún, lo suprasensible, como esferas de libertad que transcienden el mundo racionalizado. La razón instrumental ha creado un mundo en el que la libertad sólo es posible como abstracción pura o escapismo naturalista.

El espacio de reflexión se libera cuando se concibe que la muerte, la Naturaleza y el mundo son abstracciones, pero no conceptuales sino metafóricas. El dogmático uso del lenguaje como símbolo e incluso como justificación de la realidad es el camino que ha seguido la lógica metafísica, y esta lógica no es exclusiva del ámbito filosófico sino de todas las racionalizaciones de la actualidad desde el Derecho a la Sociología, desde la Física hasta la Moral.

Abrir perspectivas, liberar mundos, sentir la pluralidad de abismos que permiten la acción, el pensamiento y la creatividad son proyectos de una razón que no logifica, que parte de una necesidad material, de una moralidad vital material. Esta razón no puede ser otra que la que considera al lenguaje como un conjunto de metáforas, las racionalizaciones como interpretaciones abiertas. Es una racionalidad estética pero no desde un punto de vista irracional ni abstracto sino desde una perspectiva concreta, no dogmática ni instrumental.

El origen social del lenguaje implica una razón basada en las relaciones sociales, en los mitos de la cultura, en la posibilidad de una sociedad abierta o cerrada. Supone la convencionalidad de la lengua, su carácter arbitrario y colectivo, pero también su contingencia desde un ámbito formal y lógico, y su necesidad desde la posición real que nos preocupa.

Los mundos en los que vivimos y pensamos e interpretamos para dar sentido a nuestra vida y nuestro contexto no son representaciones. No se dan desde la idea o concepto (Razón, Voluntad, Dios, Noúmeno, Ser, etc.), no son derivados de un mundo ideal platónico sino que sus interpretaciones proceden de nuestra imaginación, sentir, deseo, del pensamiento y todo ello dentro de un contexto sociocultural que engloba y formaliza en un sistema único porque no comprende la esencia de la interpretación: la racionalidad estética.

La lógica, la Matemática, la Física y la Metafísica son un conjunto de estetificaciones que perdieron su carácter inicial de sentido metafórico y se convirtieron en absolutizaciones dogmáticas e ideológicas, instrumentos de la realidad política establecida y que se ponen en duda cuando la vida se está convirtiendo en un proceso de producción, en un instrumento mercantil y en un conjunto de fórmulas.

Teoría del conocimiento estético

Entre el conocimiento considerado como instrumento biológico - adaptativo y el conocimiento como pura verdad científica, es decir, entre la teoría voluntarista del conocimiento, o la utilitarista y la teoría racionalista tradicional se encuentra la noción del conocimiento visto desde la posición del presente concreto y derivado de las relaciones sociales y culturales dadas. Tan sólo en esta última consideración tiene cabida una ética del saber y una interpretación metafórica de nuestro contexto o perspectiva del mundo vital en el que estamos. ¿Qué se encuentra detrás de nuestras interpretaciones?, intereses vitales, políticos, biológicos, morales, que las convierten por eso mismo en inacabadas.

¿Qué es lo racionalizado?, perspectivas, sensaciones, vivencias, percepciones, objetos; en definitiva: abismos. Todas las cosas más allá de nuestras interpretaciones son abismos, es decir, insondables; y nuestras interpretaciones son metáforas, no correspondencias con la realidad puesto que la realidad no es algo sólido ni abstracto, ni formal ni tangible.

Ante esta posición las interpretaciones son metafóricas, no lógicas ni derivadas de una Ontología o Metafísica. La Ciencia no es más que un instrumento relacional dentro de las grandes metáforas de significado, el sistema científico es un conjunto de relaciones dentro de una visión metafórica reducida del mundo. Nuestras imágenes o estetificaciones parten de la vida concreta que es una circunstancia abismal. La relación entre la vida y la estética da origen a una nueva teoría del conocimiento.

¿Qué es la estética?

La búsqueda de la verdad es tan antigua como la búsqueda de la belleza, pero no necesariamente ha de identificarse la verdad como bella ni la estética como filosofía del arte. La estética como sinónimo de "belleza" corresponde a la tradición platónico racionalista del arte, lo festivo y la creación, es decir, como mera apariencia; es una ciencia únicamente como búsqueda de la belleza de una verdad formal. El marcado ascetismo de la idealización artística y científica enlaza proporcionalmente con la necesidad de orden y adaptación al medio.

Incluso las nociones de Bergson y Heidegger sobre la veracidad del arte tras su crítica a la teoría científico - positivista del conocimiento son extremadamente escolásticas, continúan apuntando a la formalidad de la verdad en las obras de arte. El acierto de Heidegger consistió en ver la posibilidad de significado que la metáfora contiene, pero no alcanzó la radicalidad de Nietzsche. La filosofía nietzscheana considera al ser humano un creador de metáforas, el arte no refleja la verdad sino que crea el sentido de la verdad.

La tradición racionalista apartó la estética como una esfera secundaria en el conocimiento con respecto a la lógica, la Ciencia, etc. Baumgarten introdujo el término en el siglo XVIII apartándolo de su significado primitivo, es decir, de ser conocimiento sensible vulgar se convirtió en Filosofía del arte, y expuso que la sensibilidad y lo bello se identifican: la belleza es el ideal del conocimiento sensible. A pesar de su originalidad, todavía puso en segundo plano la estética al reducirla a un carácter de subjetividad y con ello de contingencia.

La tradición consideraba la estética como una rama de la Filosofía cuyo objeto era la belleza considerando el concepto platónico de que el arte se ocupa de representar el ideal de lo bello. La estética abarca diversas dimensiones creativas y artísticas pero no ha conseguido liberarse de la concepción clásica idealista, de lo que se ha ocupado principalmente es de formalizar el arte, es decir, de fundamentar el concepto artístico con un procedimiento abstracto. Se identifica la estética con la forma, la belleza, la apariencia, pero ¿es esto la estética? Aún Hegel oponía el concepto a la opinión, pero el concepto es una metáfora y la Ciencia, aunque sea de la experiencia de la conciencia, es un arte estereotipado.

En la reflexión que muestra las distintas formas de conocimiento (la Ciencia, el arte, etc.) como dependientes de las circunstancias históricas y sociales se observa desde la crítica niezscheana del conocimiento el carácter arbitrario y ficticio en cuanto abstracto o idealista de estas formas de conocimiento, también demuestra el vacío entre la teoría o racionalización y la praxis porque tienen una necesidad Metafísica de verdad. En esta reflexión se defiende que los sistemas filosóficos, la Ciencia y el arte, junto con las nociones de la "estética", han sido creaciones socioculturales identificadas con la adaptación al medio, la sumisión al poder, la necesidad de supervivencia, etc.; y estas estetificaciones o racionalizaciones, o creaciones metafóricas o seudo artísticas, demostraban su utilidad y su verdad en las relaciones sociales históricas. La diferencia, que es la que hace aparecer esta reflexión crítica, entre la Ciencia y la religión, la Metafísica, la filosofía moral, estética, etc., es la ruptura entre la teoría y la praxis: la Ciencia carece de objetivos para dirigir la acción, al ser descriptiva refleja la irracionalidad y amoralidad de la praxis. Este hecho demuestra dos cosas: primera, la necesidad de una realidad Metafísica (el modo kantiano es más moderno y escéptico) que sustente todas estas racionalizaciones y, segunda, si se niega toda Metafísica por ser ideología entonces, o nos encontramos en la irracionalidad total, amoralidad y escepticismo, esto es, en el nihilismo, o encontramos una forma de conectar teoría y praxis de un modo no idealista por lo que no sería necesaria una realidad Metafísica.

En la contradicción, no sólo de las interpretaciones artísticas ideológicas (especialmente la literatura y el cine), sino también en cuanto al progreso científico, económico y tecnológico con respecto a nuestra vida concreta, la cual es en muchos aspectos miserable, aparece la reflexión en torno a la inconsistencia de todo lo racionalizado, de la interpretación cultural. Esta contradicción crea una antiideología, genera un escepticismo. Pero el universo ideal que proponen las teorías estéticas es utilizado para consolidar el dominio. Al marginar el arte y exiliar la estética en otra esfera se abstrae, se idealiza, se formaliza, y aunque sirva de liberación de la conciencia porque hace nacer la reflexión crítica sobre la realidad establecida no consigue establecer un puente hacia la praxis; no lo puede conseguir el arte por sí mismo, necesita de una interpretación filosófica.

La noción de arte como último reducto de la utopía (expuesto por Horkheimer, Adorno, Marcuse, etc.) aún forma parte de la estética tradicional. Es una especie de fe o de teología revolucionaria que actúa como dialéctica negativa sobre las formas de dominio y libera la conciencia crítica al demostrarse la contradicción entre el arte y la realidad dada. Esta dialéctica revolucionaria se ha estancado en proyectos utópicos. Si el arte no se presenta como verdad, si la tecnociencia es el único discurso válido entonces la comprensión metafórica o estética de todas las manifestaciones culturales, incluidas el arte y la Ciencia, da origen a la reflexión que emancipa de la ideología existente, mucho más que el escepticismo radical, las doctrinas del consenso, la teoría crítica o la dialéctica negativa. Desde este punto de vista que es el del esteta, lo que se niega no es negado sólo en el pensamiento sino en la acción y ampliaría nuestra perspectiva hacia una vida que supere el dominio y la alienación. La razón considerada como racionalidad estética comprende la debilidad y la contingencia de la realidad establecida. La estética, no como belleza, verdad ideal, o encasillada en la esencia del arte, sino comprendida como dimensión cultural que abarque las racionalizaciones como dependientes de la praxis, como desembocantes en la praxis y como trascendentes de la praxis gracias a la reflexión liberada, supone que: las racionalizaciones son de este modo estetificaciones.

La unidad de conocimiento e interés que supondría según Habermas la racionalidad de la praxis será, por medio de una nueva interpretación de la estética, factible.

Entonces, el término estética no puede relacionarse ya sólo con lo bello o el conocimiento de lo sublime, o teoría del arte, sino además con su significado festivo, es decir, lo relacionado con todo lo que transciende la supervivencia: la emancipación, lo no enajenado; y en esto deberían convertirse todas las esferas culturales, desde el derecho a la economía, la Ciencia o la política. Deberían ser estéticas como interpretaciones ligadas a la praxis liberada. Un sentido estético de la vida no es únicamente bello o aparente, es lo que se da en la sociedad y en nosotros mismos, es el hacer cotidiano; las interpretaciones dogmáticas no dejan de ser estéticas, es decir, creativas, pero en su falta de reflexión se convirtieron en conceptos, dogmas, leyes... En este sentido se identifican racionalidad y estética, la estética es la racionalización que libera y que otorga sentido, es lo no adaptado. La lógica dialéctica y la estética son recíprocas como discursos de una razón práctica. Toda la cultura se mueve en una dimensión estética no sólo la particularidad llamada arte. Todo lenguaje es metafórico, toda interpretación es arte.

La noción de estética

Toda idea o conocimiento es cultural porque la interpretación de toda experiencia esta inscrita en una determinada cultura. En nuestro modelo de civilización el mercado instrumentaliza el uso y la significación del lenguaje. El concepto "estética", que deriva del griego "aisthetiké" (sensación, percepción, conocimiento), es traducido en nuestro tiempo como "forma, belleza o apariencia" olvidando su verdadero significado artístico, creativo y cognitivo. Al mercado sí se le puede aplicar la falsa significación porque es apariencia, no es más que un decorado ficticio detrás del que se oculta la esclavitud y las formas de control.

Una cultura es un conjunto de estetificaciones y sistemas metafóricos que se fundamentan y se han fundamentado en la experiencia, en la praxis histórica y social. El lenguaje es metafórico como expresión del contexto y las circunstancias humanas, de este modo la realidad es metáfora como conceptualización. Al principio fue el arte.

Las religiones y las ideologías han impuesto un sentido a la vida cultural simplificándola, reduciéndola a dogmas y estereotipos. Si el sentido de la vida fuese considerado como "sentido estético" se crearía desde la reflexión individual evitando el dogma y el gregarismo, desde la experiencia individual y social con una perspectiva metafórica. Al aniquilar la creatividad, el objetivismo de las ideologías ha impedido la conciencia de la ausencia de sentido y con ello la posibilidad de crearlo; se presuponía que el sentido era algo ya dado en la vida, el mundo, en la praxis o en la experiencia.

La reducción de la estética como filosofía del arte o apariencia fue un error introducido por el objetivismo de la tradición platónico racionalista y que continúa en la ideología técnico - instrumental. Comprender los conceptos y las racionalizaciones, por muy práctico instrumentales que sean como conjuntos metafóricos y no como correspondencias con la realidad formalizada supondría una liberación, tanto de la conciencia como de la realidad humana.

La radicalidad estética

La ampliación del argumento de la metáfora hacia campos cada vez más amplios de significación conduce a la antítesis de la doctrina de la verdad como correspondencia y al descubrimiento de que las interpretaciones culturales, científicas, religiosas y políticas, así como el sistema social y cultural de una civilización, son arquetipos estéticos o campos metafóricos de significado. La metáfora no es solamente una figura poética a no ser que ampliemos nuestra noción de poesía, e incluso de arte, hacia todas las estructuras semánticas y al lenguaje mismo.

La metáfora, además de ser relacional respecto a los conceptos es una dotación de sentido, lo que convierte a los conceptos en metáforas. Entre el lenguaje y los objetos, así como entre las distintas construcciones expresivas y semánticas se mantiene una relación de semejanza que no es dada de forma absoluta ni neutral sino determinada por el contexto y la cultura en que se desarrolla. Por lo tanto, conocer es recrear el objeto mediante la experiencia subjetiva que se encuentra en una determinada circunstancia social a partir de metáforas que sirven de puente entre la razón y lo insondable del objeto. Estas relaciones de semejanza son estructuras metafóricas que interaccionan con la praxis histórica y social, no son verdades objetivas o científicas como se ha considerado. Las ideologías son estetificaciones en las que aun predomina el mito de la verdad absoluta.

La unidad de ética y estética se circunscribe en la praxis histórica. La razón renovada, es decir, no dogmática, es la razón estética. Los pilares de las sociedades seudodemocráticas de la actualidad son los sistemas totalitarios, así como de la Ciencia la Metafísica, y no se liberaron de sus trayectorias y sus cadenas sino que las prosiguen en variedades más sutiles. El principio de identidad que mantiene cohesionada la sociedad totalitaria queda negado en la racionalidad estética.

Sociedad y racionalización

De la interacción de los seres humanos entre sí nace la necesidad de comunicarse, el lenguaje y el pensamiento. La comunicación en las épocas pasadas cuando todavía no existía la escritura se fundamentaba probablemente en el arte representativo y las imágenes tanto gestuales como conceptuales. El pensamiento, en un principio en imágenes, igual que la comunicación se hizo verbal a partir de la escritura y la alfabetización de tal manera que actualmente aún conviven el pensamiento con imágenes y la oralidad con el pensamiento discursivo o con palabras.

La sociedad y las civilizaciones no surgen del cerebro ni de la necesidad de supervivencia como única razón, sino de una estetificación del entorno y las relaciones de los seres humanos entre sí y entre la naturaleza; sus orígenes no son estrictamente biológicos ni subjetivos, se deben a una interacción constante entre lo biológico y lo social, entre la naturaleza y la cultura. La cultura influye y modifica lo meramente biológico, así como la naturaleza es la base desde la que se desarrolló la cultura, es decir, la civilización es resultado de la relación entre el ser humano y el medio y no tanto de la adaptación en el entorno como de la construcción de los medios de vida y la búsqueda de la felicidad.

El mito del pensamiento objetivo

A través de la Historia se ha ido produciendo un olvido que ha significado una pérdida del conocimiento del origen del saber. La Ciencia ha olvidado su origen y a la vez niega sus raíces. Este proceso desemboca en el mito del objetivismo y la Ciencia continúa con ese lastre sin capacidad de autocrítica.

La doctrina subjetivista que centra en la interioridad del individuo la verdad no deja de ser herencia del mito objetivista porque presupone un sujeto abstracto portador de la objetividad. La Metafísica con sus continuas divisiones y subdivisiones en otras ramas del saber no ha sido suplantada por las ciencias naturales sino extendida por ellas en una dimensión práctico-ideológica. El biologismo es una de las secuelas que prolongan la vieja escuela teórica y su definición del pensamiento tiene una base empirista. Pensar no sólo implica un sustrato biológico (el cerebro y las neuronas) sino un lenguaje socialmente constituido, un contexto sociocultural y una interacción entre los distintos individuos, lo que significa que no pueden existir máquinas pensantes. El pensamiento no es algo estrictamente subjetivo ni orgánico, ni mecánico ni místico, es comunicación y por lo tanto, social. El pensamiento es inseparable de la autonomía del individuo que vive y es formado en sociedad, de ahí que lo objetivo se encuentre en su praxis social y no en la conciencia como entidad aislada o empíricamente demostrable.

El mito de la verdad objetiva

Las distintas teorías sobre las que se asienta la comprensión del Universo, del Mundo, de los objetos, de las leyes de la Naturaleza, son interpretaciones porque todos los lenguajes humanos han sido social y culturalmente creados, desarrollados y constituidos, por lo tanto, son antropomorfismos. La percepción y logificación que necesita y que es el fundamento de toda ciencia tiene un límite subjetivo y social que es irrebasable, pero toda civilización ha hipostasiado su omnipotencia y racionalización absoluta.

El conocimiento es un conjunto de interpretaciones, racionalizaciones y estetificaciones que establecen unas relaciones semánticas y metafóricas entre sí, y a eso llamamos comprensión. Conocer es una quimera en un contexto abismal: la vida nos supera. Pero, el conocimiento es ideología desde el presupuesto de una verdad absoluta y la posibilidad de aprehender el objeto, el mundo o el universo, cuando estos últimos conceptos son metáforas, es decir, palabras superpuestas a imágenes para nuestra identificación y comprensión. Adaptarse a unas circunstancias tan abiertas, tan extremas y tan abismales como son las nuestras no es sólo un absurdo, es un imposible. Corresponder lenguaje y una supuesta realidad neutra y objetiva es ideológico porque a priori se presupone un dogma, el de una realidad metafísica o transmundana.

Metafísica y estética

La Metafísica es la ideología del sentido último u oculto de la realidad presuponiendo dicha realidad como un Todo unitario, a partir de esta doctrina se han elaborado sistemas filosóficos que contribuían y mantenían cohesionada la sociedad totalitaria, tanto la teocrática como la tecnológica actual. Las especulaciones metafísicas han sido racionalizaciones de los dogmas y creencias religiosas, por eso el declive metafísico se inició ante la apertura de pensamiento y las reformas socio - políticas que causaron también el auge de la ciencia como explicación del mundo, heredando el fundamento racionalista de la tradición metafísica. El mito del objetivismo se mantiene hasta nuestros días y la violencia que conlleva se justifica con el miedo ante la duda, ante la incertidumbre, ante el misterio. La Metafísica se apropió del misterio y del miedo ante la vida para proveer, en sus variantes como sistemas filosóficos, explicaciones del mundo que servían para dar forma a la sociedad teocrática y sostener de forma racional la Religión. El misterio fue concebido como algo transmundano, fue considerado deidad, y la vida que es fundamentalmente misterio, se convirtió en una sucesión de temores que justificaban la actitud sumisa. La racionalización dogmática reemplazó al misterio excluyéndolo en un ámbito abstracto y religioso, de este modo el miedo se incorporó a la explicación mítica y fue utilizado para fundamentarla. El miedo, tan racionalizado de este modo y a la vez tan irracional, se unió al misterio creando una serie de interpretaciones que son los sistemas filosóficos que han hecho de la Razón una entidad unitaria, abstracta, sistemática, dogmática e instrumentalizada. El lugar del misterio fue ocupado por la Razón en el siglo de las luces, y toda la carga mítica y el miedo fueron superpuestos a esta nueva divinidad.

El misterio no consiste en que haya algo oculto en las cosas, que más allá de la Naturaleza exista una entidad escondida. El misterio es observar como los nombres que le damos a las cosas y las interpretaciones de nuestras vidas, de la Naturaleza, de los seres humanos, son creaciones artísticas para dotar de sentido y no verdades últimas ni primeras, ni objetivas ni absolutas. No necesariamente hay algo oculto, que no haya nada oculto es precisamente el misterio. Cuando se visita una antigua Civilización o se observa las ruinas del pasado, lo primero que ocurre es una sensación de vértigo y nostalgia unida a la admiración estética que produce el asimilar el mundo antiguo. No se tiene el punto de vista de los que allí vivían, uno no cree en su Ciencia, ni en sus mitos, ni en su religión, ni en su política y tampoco participa en su sociedad. De este modo considera toda esa cultura como artística, es decir, se tiene una visión estética o un punto de vista estético sobre todo ello. Esta posición estética viene dada porque al contemplar el pasado, o las obras de una Civilización ya extinguida, se realiza desde una lectura crítica cuyo origen reside en que nuestra cultura actual es diferente. Los interrogantes que parten de este razonamiento son: ¿no tendrán la misma noción sobre nuestra cultura y nuestra sociedad los seres del futuro?, ¿no estamos cometiendo los mismos errores, no tenemos los mismos mitos, dogmas y la misma sociedad totalitaria que nuestros antepasados?, a pesar de ello, ¿por qué seguimos interpretando las filosofías del pasado como algo lleno de sentido estético y las culturas como arte?

La idea central de la teoría estética que nos ocupa es que esta lectura crítica y esa perspectiva creativa y artística del mundo, de la cultura y de la sociedad es posible en una vida emancipada, en una sociedad libre y en una Civilización que haya superado el totalitarismo. Las perspectivas metafísicas y científicas causan un objetivismo y una reducción ideológica del contexto. El punto de vista estético procede de una lectura crítica y al mismo tiempo la proporciona.

Arte y estética

El arte es una manifestación estética constituyente de nuestra racionalidad que en ocasiones ha sido liberado del objetivismo y del subjetivismo, aunque la mayoría de las teorías del arte, las científicas y las románticas, han caído en un extremo o en otro.

La estética no es Filosofía del arte únicamente como ciencia del arte cuya esencia es apariencia o belleza, es la verdadera dimensión de la racionalidad. Esta hipótesis fue rechazada desde los orígenes del racionalismo porque su proceder supone una superioridad de la sensibilidad, del goce, del placer, del amor, del sexo y de la vida por encima del trabajo, la represión, la cientificidad entendida como adaptación, la sumisión, el rigor, la obediencia, etc. La racionalidad se interpretó como un conjunto de esquemas organizativos y especulativos que jerarquizan la vida y estereotipan su contexto. El arte y toda la comprensión de la
racionalidad como dimensión estética fueron exiliadas en un lugar secundario: la verdad y su sentido se hizo abstracta y teleológica.

La racionalidad estética

Con la dependencia y sumisión del arte a la sociedad de consumo queda integrado en el ocio y la diversión, el arte es fantasía e irrealidad dentro del racionalismo económico, así como todo lo relacionado con lo improductivo, la esfera al margen del trabajo o de la represión. La racionalidad estética se considera algo propio de los artistas, de los intelectuales, pertenece al campo de la apariencia y la falta de legitimidad.

Por el contrario, la ciencia intenta aprehender el conocimiento partiendo de la experiencia sensible y reconstituir o formalizar el objeto tal como es, o en sí mismo, logrando la objetividad y la universalidad. El arte se queda en la mera apariencia, incluso la palabra estética se emplea actualmente como sinónimo de belleza o fisonomía, su formalidad se expresa en sentimientos más que en ideas lo que causa la pérdida de objetividad. El arte interpreta más que formaliza, no pretende representar la realidad tal como es en sí misma sino otorgarla un sentido o unos sentimientos. Todo lo que excluye la racionalidad científico – técnica forma parte de la racionalidad estética, por lo tanto la perspectiva de esta última es mucho más amplia. Tanto para la ciencia como para el arte el punto de partida es socio – cultural y experiencial, la racionalización es distinta porque el arte se concibe a sí mismo como interpretación, mientras que la ideología predominante marca el a priori de la ciencia (que suele ser metafísico). En el arte está permitido el pathos individual y la ausencia de cientificidad. Ante esta perspectiva, la división de las ciencias parece una pantomima y la objetividad científica un mito. Percatarse del engaño consiste en ver que las interpretaciones no son verdades absolutas y objetividades sino metáforas interpretativas que ocultan intereses de dominio.

El arte, incluso el más mercantilizado, representa en su exposición un mundo libre de la productividad y los medios represivos, al representar un mundo que es mejor o una realidad negativa que denuncia lo existente se transforma en un mundo mucho más real y deja a nuestra realidad en un plano de apariencia execrable. La división seudo- metafísica entre el mundo real de la ciencia, la experiencia sensible, las relaciones sociales, el mundo en el que vivimos, y el mundo "ficticio" del arte ha servido para oprimir la creatividad y considerar como aparente cualquier crítica de lo establecido. Reivindicar la estética, no como Filosofía del arte únicamente, sino como la dimensión de todas las racionalidades aboliendo el dogma y la autocracia del cientificismo, puede hacernos parecer pretenciosos o dementes. El concepto de la estética como dimensión humana supone una revolución cultural.

La ausencia de criterio sobre la dialéctica entre teoría y praxis, de la escisión entre el pensamiento y la realidad, entre el pensamiento y su ruptura con la realidad, es lo que sufre una sociedad esquizofrénica; en ella todo parece explicado y las interpretaciones se formalizan como leyes objetivas. Cuando la mente cree que la verdadera realidad está en ella misma aparece la locura, esto es la ruptura dialéctica, en Filosofía se denomina solipsismo. La sociedad que traduce su ideología como la única verdadera se aproxima a la barbarie.

Las teorías, hipótesis e interpretaciones se identifican con la praxis en una sociedad de mitos, la filosofía es y ha sido en muchas ocasiones cómplice y crítica con el mito. Nuestro prejuicio es la negatividad de la praxis,; si ésta se encuentra estigmatizada, entonces la denuncia de dicha praxis se convierte en nuestro prejuicio.

II.
DIOSES EN LA PENUMBRA

Dialéctica y positivismo

La expropiación, no sólo de la riqueza producida sino también de la realidad subjetiva con capacidad de liberar convierte al trabajo en una humillación, en la esclavitud como constante vital.

La dialéctica es un recurso lingüístico, la realidad más que dialéctica es contradictoria únicamente desde una posición lingüística o lógica. La lógica no se sostendría sin presuponer una realidad contradictoria; la lógica dialéctica es la que posibilita el espacio de reflexión teórico mientras que la lógica formal aniquila el espacio reflexivo en la práctica. Mientras tanto, la realidad desde un punto de vista lógico - dialéctico - racional es contradictoria, pero desde un punto de vista metafórico es abismal.

La realidad se diluye al ampliar el paradigma, es decir, el campo de visión. Esto supone el derrumbe del modelo kantiano y del neopositivismo, derivados ambos de un monoteísmo desenfocado.

La dialéctica presupone una realidad que no es tal por su ambigüedad, comprende la contradicción y la amplitud sin excluir las consecuencias para racionalizar y sistematizar. El razonamiento dialéctico lleva en sí un estigma dramático.

Los ideólogos soviéticos transformaron progresivamente la dialéctica materialista en lógica trascendental para consolidar una sociedad burocrática y jerárquica, es decir, hicieron subvertir la dialéctica negativa en positiva, iniciaron la economía planificada como sustrato de la sociedad positiva. Este modelo de sociedad también es propio de las sociedades capitalistas avanzadas con economía de mercado. Lo común entre ambas sociedades es la sublimación de la supervivencia y la enajenación. El positivismo contempla la realidad en un contexto únicamente empírico y lo que excluye dicho contexto lo concibe como metafísico e incoherente. La ideología positivista degenera desde el psicologismo o mentalismo a la política al comprometer la realidad con un estado neutro, tal como pretende el dominio establecido. El positivismo absorbe ideológicamente tanto el pensamiento como la práctica individual.

Así pues, y como consecuencia directa de la razón positivista en la práctica se observa que: la religión era la imagen mítica y global del poder político en la sociedad feudal, la Ciencia es la imagen mítica y global del poder político en la sociedad industrial avanzada. Pero, como la Ciencia es un cúmulo de explicaciones mecanicistas no puede dar sentido, al menos un sentido último o metafísico, algo que si podía otorgar la religión. Es por esto por lo que la moral ocupa un lugar inferior ya que depende de un sentido de la realidad y la Ciencia se complementa con la religión o creencias, no como en el pasado sino como instrumentos más, como últimas mercancías de sentido último.

El ateísmo científico de algunos sectores no viene dado desde una posición científica porque el conocimiento empírico y la Ciencia en general no contradicen ni afirman las creencias religiosas o la existencia de un ser último en la experiencia, lo trascendente se encuentra más allá de ésta, por lo tanto su negación no puede ser más que Metafísica o acientífica. Son las posiciones filosóficas las que dan lugar al ateísmo, al igual que son las posiciones Metafísicas y teológicas las que dan lugar a las creencias al margen de lo experimentado de otros sectores científicos. En común, se observa que en todos los ámbitos científicos y de la cultura de masas el sentido es algo secundario y con poca relevancia. La religión es política utilitarista, es un medio más de sacralidad secularizada que nutre al principio de la realidad y consolida el dominio establecido.

Acerca del Universo positivado

Cómo teorizar sobre el origen del Universo cuando sólo hay conocimiento o percepción de una mínima parte? Presuponer la totalidad y el origen del mismo a partir de un ínfimo fragmento es recurrir a la ficción teórica, la analogía se muestra excesiva. La perspectiva acerca de un "origen del Universo", de su totalidad, e incluso de su mismo concepto es sociocultural y depende más de las relaciones sociales y la ideología dominante que de la observación empírica y su posterior logificación. Otorgar a la denominada y restringida "realidad empírica" una esencia matemática o simplemente utilizar el lenguaje matemático para describir hechos es acotar de forma abstracta algo desbordante, esto es, excluir el contexto.

La realidad empírica e incluso el concepto de realidad es el mito que concede estado neutro a todas las manifestaciones culturales (religión, política, Ciencia, Derecho, etc.) y que tiene que ver con una Dialéctica y una herencia de la tradición Metafísica que supuestamente niegan dichas manifestaciones. El saber empírico: estado neutral - contemplativo, Verdad - Virtud; la Ciencia positiva, el positivismo, son metafísicas de lo concreto, pero a pesar de su abstracción someten a lo concreto. Se basan en neutralizar para dominar. La razón, cuanto más se asemeja al Mito, o cuanto más se funde en él, más legítima parece; este es el clímax de la ideología positiva.

Se pretende un Universo absoluto y neutral, y se demuestra desde la racionalización científica para después consolidar un estado totalitario que aparente coherencia y legitimidad. La máxima sigue siendo "vivir según la Naturaleza", pero la Naturaleza es ideológica cuando ha sido interpretada con la objetividad establecida.

Conocimiento y percepción

La percepción visual es la más estimada dentro de los círculos científico - técnicos para dar validez y como origen de los fenómenos conceptuales. Pero la percepción se desarrolla en un entorno específico y está determinada por el contexto social y cultural. Los individuos de diversos pueblos y diferentes culturas tienen percepciones distintas según varían sus intereses, sus racionalizaciones y sus mitos; por lo tanto, existen tantos mundos como puntos de vista, existen tantas objetividades como perspectivas.

La identidad entre percepción y objeto real es una creencia mediada por el lenguaje, un lenguaje ligado a una época, a unas creencias o ideologías y con unos intereses prácticos muy concretos; de ahí la falta de neutralidad en la percepción. Los sentidos y sus percepciones no pueden proveer de un conocimiento absoluto del entorno. Conocimiento es, dentro de esta doctrina, la fusión entre lenguaje y lo percibido por algún órgano de los sentidos, su certeza es dada de forma abstracta como ley o concepto, pero en la misma experiencia sensible (la cual es una formalidad en su misma interpretación) la veracidad de los sentidos queda puesta en duda: se observa su ambigüedad, su limitación, su falsedad desde un punto de vista lógico - abstracto. Es por esto por lo que se otorga al lenguaje de correspondencia con la realidad y el mismo concepto de realidad empírica forma parte de la identificación entre Verdad - razón - percepción - experiencia.

Todos estos términos, que sólo forman parte de nuestra cultura, forman el mito que condena al estado contemplativo, como si el entorno fuera únicamente un mecanismo al que adaptarse. Conocimiento es creación, lo que no engendra perece.

Si nuestros conceptos son estrechas y arcaicas cosmovisiones, no sólo se trata de probar su justificación en la vida práctica o en el consenso sino en la posibilidad de dar una nueva imagen a los mundos de la vida, es decir, al lugar donde nos proyectamos y desarrollamos. Abolir estas racionalizaciones no puede servir para dar forma a otras con más objetividad sino para crear imágenes metafóricas o racionalidades mucho más humanas.

Ciencia y sociedad

Las diferentes teorías científicas han variado a lo largo de la Historia según el modelo de sociedad existente, y por lo tanto, de dominación establecido que se haya dado. Los interrogantes seudo metafísicos acerca del determinismo o su ausencia, postulados tanto por la Filosofía antigua como por la Ciencia que recoge y recupera la tradición teorética, oscilan entre el orden racional, estatismo, determinismo, matematización, leyes de la Naturaleza y mecanicismo, hasta la más actual teoría del caos, las filosofías irracionalistas, existencialismos, la filosofía de la voluntad, el materialismo mecanicista y el relativismo científico y filosófico. Estas interpretaciones derivan del modelo sociocultural y consecuentemente de la ideología en la realidad establecida. La neutralidad que se obtiene en la contemplación empírica es el mito del ascetismo, propone una racionalidad técnica apolítica y objetiva como si la razón formal de este método se encontrase en un intramundo al margen de la subjetividad, de la sociedad y la época histórica. La Ciencia de este modo se convierte en mística y con su popularización, en mística de masas.

Si se admite la politización de la Ciencia (y una Ciencia despolitizada es un concepto propio de la Metafísica o saber del supramundo), entonces resulta insuperable su desobjetivación, el análisis que obliga a sucumbir su purismo y su formalidad. Se convierte de este modo en Ciencia mundana, en aplicación técnica pragmática únicamente, y se puede observar así la identificación entre la ideología del dominio en la realidad establecida y la Ciencia. Esta "realidad establecida" queda apuntalada por las interpretaciones científico - técnicas que se han convertido en el discurso predominante ante la pérdida de legitimidad de la razón política de la Administración; al encubrirse la política de dominio con la cientificidad, la fe se convierte en símbolo de la efectividad del esclavismo.

La Ciencia es nomenclatura, reducción de la experiencia a una experiencia reducida que a su vez concuerda formalmente con dicha nomenclatura, y esto es medio para el fin de la aplicación técnica. Esta aplicación junto con las hipótesis que convergen entre el concepto y los aparatos tecnológicos perpetúan la lucha por la existencia; el modelo naturalista es ya el modelo tecnológico, la técnica no supera la Naturaleza sino que integra a los hombres en el proceso productivo que ya es Naturaleza. Al objetivar el "mundo natural" se sublima la adaptación al medio. El Totalitarismo que supone este círculo ideológico rompe con el pensamiento crítico y
con la cultura no científica (y por lo tanto no asimilada), su expansión coincide con el imperialismo nacional e internacional del capital en las sociedades industriales avanzadas y demuestra la falsa neutralidad, el falso apoliticismo y amoralismo de las racionalizaciones científicas.

La moral como ideología

La lógica del utilitarismo es auto explicativa, se justifica a sí misma. De este modo la verdad se formaliza y aunque se identifique con un ámbito práctico se mueve en torno a una dialéctica abstracta y positiva. Para el utilitarismo, la Ciencia o cualquier rama del saber es verdadera no como fuente de conocimiento sino porque con las racionalizaciones científicas se crean aplicaciones prácticas y supuestamente ciertas. Entonces, la practicidad depende de una moral y de una estructura social de dominio. Las dimensiones prácticas que justifican la legitimidad de las jerarquías, predominantemente la tecnocracia, nacen de una ideología que se expande a todas las manifestaciones sociales configurando la moral establecida y totalitaria. La moral es el conjunto de valores o ideales de una sociedad, en la sociedad de consumo el valor principal es el de la producción subordinada a una elite que garantiza la libertad, el equilibrio y la justicia como derechos abstractos o valores formales. El reino de la Metafísica de las costumbres (la moral) sigue su dominio teológico.

El valor de la Verdad del conocer es un valor moral, en la Ciencia siempre se ha dado este ideal cristiano - platónico. En la actual situación y con el mercado como estado omnipotente la Verdad se seculariza hacia fines pragmáticos que rechazan o confirman su validez; pero la moral secularizada y parcialmente separada de la teología no es una moral material sino formal y marcada por unos intereses de dominio. Por eso mismo la Ciencia es ideología y no posee neutralidad con respecto a los juicios morales. La Ciencia en su expresión más teórica es una seudo filosofía; como fenómeno cultural que es y ha sido siempre está sujeta a la estructura colectiva y a sus relaciones, en nuestros días, alienadas. Su concepto se pierde a medida que pierde su conciencia crítica: ha dejado de ser un hecho social para convertirse en un objeto con universalidad, justo lo que la ha convertido en mito.

El pensamiento racionalista científico proviene de diversas corrientes filosóficas que adquirieron su dimensión práctica en la sociedad industrial y excluían el pensamiento no técnicamente utilizable. La Ciencia es, por lo tanto, una doctrina seudo filosófica con una dimensión práctica. El positivismo, gran padre ideológico de la lógica científica es el tronco de esta doctrina. De esta forma convergen el sistema económico, el poder como democracia representativa y la tecnociencia.

El fundamento científico - técnico

La polémica en torno a la división de las ciencias y los intentos de unidad de la razón continúa en nuestro presente como algo naturalmente disgregado. El interés por la disgregación racional contiene un trasfondo político más que teórico.

La Ciencia necesita de unos valores morales o ideales que sirvan de punto de partida, precisa de un sentido a priori que de validez a su actividad. La praxis inicial de la Ciencia y su fundamento socio - político y cultural sirve para ilustrar la ideología de lo neutro y verdadero. El intelectualismo moral en el que se identifica la Verdad y el Bien, y la pretendida esfera de neutralidad política y ética de la Ciencia coincide con el ascetismo y la represión. El ideal ascético y la auto comprensión teorética de las Ciencias tienen un origen en la moral. La moral es el fundamento como Metafísica de las costumbres cuya base es el dominio y la exclusión de todo lo ajeno que libere de la ideología establecida. La sociedad se estructura como un absoluto pero son innumerables sus brechas.

El cauce que sigue esta investigación lleva a preguntarse: si la Ciencia sirve al progreso, ¿no es el progreso un ideal, un valor moral? Las aplicaciones técnicas y la producción no han terminado con la miseria ni con la esclavitud, sino que, en cierto modo, han multiplicado y legitimado la enajenación en un mundo sumiso e hipotecado. El ideal del progreso ha tomado forma ascética y se justifica a sí mismo con una fe Metafísica. Pero,
¿el progreso es un ideal de quién o para quién, de qué o para qué?

Economía y sociedad

Ante la necesidad de supervivencia, adaptación y superación del medio se hizo presente en todas las civilizaciones una forma de racionalizar totalitaria origen de un dogmatismo que dio lugar a que toda cultura se identifique a sí misma como la cultura definitiva, es decir, con la Humanidad.

En la actual situación de los pueblos occidentales en los que la Metafísica como religión racionalizada se ha transformado en un sistema económico que es la dimensión practica de dicho idealismo teológico, el imperialismo hacia otras culturas y la represión en el interior de las sociedades neoliberales muestra la tendencia hacia el monopolio mundial del poder económico y político, lo que se denomina globalización. Los pueblos del Islam viven en su dictadura teológica, los pueblos occidentales vivimos en nuestra dictadura encubierta.

Una mayor distribución de la riqueza y la democratización de parte de la economía han supuesto un crecimiento social de gran importancia en Occidente. El factor fundamental ha sido un paradigma político y jurídico que ha creado una sociedad más abierta y socializada, y esto no es resultado de una decisión económica o del sistema capitalista en sí mismo. Puede imaginarse lo que ocurriría con una distribución general de la riqueza y una democratización de los medios de producción, es decir, con el fin del capitalismo.

El sistema capitalista generó un espectacular aumento de la riqueza debido a otra forma de hacer política y un nuevo modelo de sociedad, lo que dio lugar a una ruptura con el sistema feudal llevada a cabo por las revoluciones burguesas. Por eso, el cambio social ha sido derivado de la política y no de la economía como un estadio aislado, la economía es política o economía política. La identificación entre el sistema capitalista y la libertad política surge de la ideología que fundamenta el economismo como la base de la sociedad y olvida que la economía es un credo una vez superado el nivel de supervivencia, es decir, ante la acumulación de riqueza. Por eso se reduce la libertad política al sufragio y al crecimiento económico personal pero se oculta la dependencia al mercado y a la esclavitud y alienación del trabajo.

La dictadura capitalista

El origen del Estado se remonta hasta la formación del clan en los pueblos primitivos, aunque esta última institución primitiva tenía una función organizadora y su estructura era más abierta y democrática. El Estado empieza a formarse en sociedades complejas como instrumento de organización y protección de la propiedad privada de la minoría aristocrática opresiva y se mantiene actualmente como escudo político de la organización social esclavista que protege el orden mediante la represión. El Estado es inseparable de los cuerpos de seguridad y del derecho, se configura como una institución policial que preserva el régimen político existente y mantiene los medios de producción en manos de intereses privados. Las constituciones y las leyes están redactadas para el mantenimiento del sistema económico y son lo suficientemente inconcretas y ambiguas como para que todo el sistema judicial sirva de fortaleza a la supervivencia del mercado.

El Estado democrático y de derecho posee neutralidad respecto a las clases sociales de un modo teórico puesto que detrás de la maquinaria institucional se encuentra la ideología economista y el poder de las minorías capitalistas. Tuvo un origen como herramienta represiva y de administración social en función de los intereses del capital; de este modo, mantiene el régimen de la sociedad esclavista y controla posibles alternativas.

Las clases medias y el proletariado se han diluido para formar una clase social de productores - consumidores que sirven al sistema económico, el cual se ha convertido en algo tan conceptual que las minorías improductivas interesadas en su conservación también son siervas en este contexto de sociedad planificada.

Capitalismo y socialdemocracia

Sin la socialización de grandes masas de medios de producción y de gran parte del capital, el capitalismo no habría podido sobrevivir a sus crisis de superabundancia (o sobreproducción) por falta de mercados. Socializando parte de la producción mantiene las jerarquías sociales y la esclavitud mejorando su imagen bienhechora de "estado del bienestar". El Estado es el árbitro que regula las relaciones comerciales en un contexto nacional e internacional (con sus instituciones globales) e impide el monopolio por momentos, no solamente porque este último perjudica la competencia económica sino porque impide la socialización del capital que reduce el riesgo de crisis y mantiene la esclavitud consumista.

La tendencia opuesta a esto fue la capitalización del Estado que, convertido en monopolio, planifica la economía impidiendo cualquier oposición y limitando la socialización de la riqueza (el socialismo burocrático o capitalismo de Estado). La nación y su concepto no es más que una colectividad económica no ya el pueblo, tanto en un modelo económico como en otro. El Estado propietario de los medios de producción en el socialismo burocrático, o como organizador de las fuerzas productivas (es decir, de esos mismos medios de producción) es la maquinaria que de un modo ha socializado la economía y por otra parte ha mantenido el capitalismo, aunque actualmente este vigente sólo el capitalismo de organización. La vida de los seres humanos resulta tan planificada en un modelo de Estado como en otro, y lejos de ser el Estado un instrumento revolucionario es un aparato represivo y el origen del mantenimiento del régimen esclavista.

La producción y la riqueza tienen su origen en un orden y planificación de la sociedad, es decir, la sociedad genera ambas y no el Estado, ni la minoría capitalista, ni las multinacionales, ni el mercado; estos agentes son los que se apropian de la producción social e impiden que gran parte de ella revierta en una nueva sociedad libre de injusticia, desigualdad y miseria. Estos mismos agentes son los responsables de que la riqueza se transforme en la dependencia de la mayoría.

Las condiciones materiales de existencia condicionan la Filosofía oficial como ideología de la escasez pero también las ideas determinan y proyectan en gran medida el modelo social, ideológico y material de la sociedad. Esta es la interacción entre el pensamiento y la práctica que demuestra la posible ruptura del sistema, otorgando un horizonte hacia el que se debe dirigir la Filosofía extraoficial.

III.
FILOSOFIA DEL RELÁMPAGO

La Historia ha sido un amasijo de victimas, postular su sentido es una aberrante quimera. No hay una lógica histórica, si la hubiera la Historia ya no sería un proceso, es decir, no sería histórica. La dialéctica antropomórfica entre la naturaleza y la cultura es el origen de la creencia en un sentido histórico, pero si la primera está constituida por un cambio constante deberíamos suponer que la segunda es más transitoria todavía.

***

La Ciencia, esa metafísica secularizada, ha ocultado el misterio. Los prejuicios kantianos aislaron la incertidumbre detrás de un límite imaginario, el positivismo reduce toda la experiencia a la percepción sensible, pero los misterios que siempre nos acompañaron siguen aquí. La técnica ha desacralizado el mundo sacralizando la mercancía, el mito ha reemplazado siempre a la estética. Las religiones tomaron posesión del misterio, o más bien, de los misterios y los dogmatizo. Todas las formas de racionalizar han sido originariamente dogmas y violencia. Tal vez la represión ha sido necesaria para la supervivencia, pero ¿hasta que extremo es necesaria sin que nos aniquile?

***

El arte es la rama suprema del conocimiento porque toda racionalidad es estética incluso en sus modalidades más dogmáticas o en las abstractas cosmovisiones.

***

No creer en la Revolución e intentar llevar a la práctica las revoluciones. Toda Revolución significa crítica y derrumbe de lo establecido, crear un mundo nuevo sería teológico, no es lo mismo. En eso erraron los teóricos revolucionarios. Cada nuevo día es más que una Revolución aunque no nos demos cuenta de ello.

***

El aforismo representa la constante ruptura de un escrito, es lo más asistemático que se puede escribir y al mismo tiempo es el instante de un pensamiento marcado por su lucidez y efímero por su fragilidad. El aforismo es el relámpago en las tinieblas del silencio.

***

Todo es arrastrado por las aguas del río de la vida, incluso los peores momentos y las más terribles tragedias. Tal vez nuestras vidas queden grabadas en el resplandor de la eternidad sólo porque así lo quiere nuestro deseo. Esta fue la ilusión de Nietzsche y la desilusión de Schopenhauer, cada uno con sus razones y sentimientos. El eterno retorno, ¿como podría ser de lo mismo?

**

Los pueblos cuya característica principal es la violencia constante que transcurre como algo habitual son los menos respetuosos con la vida y en ellos la religiosidad es extrema. Las religiones están presentes con fuerza allí donde hay un desprecio por la vida. Las creencias siempre van en detrimento del individuo.

***

Si nos ceñimos radicalmente al hecho empírico entonces no hay cientificidad. La Ciencia es la logificación del hecho empírico, considerando que "el hecho empírico" es una hipótesis lógica "a priori". Un positivismo llevado a sus últimas consecuencias demuestra la insignificancia y contingencia científica.

***

El utilitarismo es la ideología del analfabeto funcional.

***

Como un niño cuando se cuenta fantasías a sí mismo e inventa un mundo imaginario para no tener miedo de la oscuridad, así hemos creado nosotros las circunstancias en las que vivimos y denominamos civilización. Pero no podemos negar que la oscuridad y los abismos que nos infundían temor en nuestra infancia siguen aquí.

***

En la sociedad de consumo la envidia es la virtud de los mediocres.

***

Como consecuencia de la represión social, de la logificación, de la matematización del pensamiento y de la objetivación, la conciencia de los individuos se formaliza, se convierte en una entidad abstracta y aislada, se atomiza; de este modo se manifiesta de forma violenta y totalitaria reproduciendo las consecuencias en un ciclo perpetuo. El mecanismo del sistema persiste en cada acción y en cada pensamiento individual.

***

Busco una Filosofía que no crea en sí misma.

***

Sólo quien ha sufrido considerablemente es capaz de amar y comprender lo extremo.

***

La lucha contra la vida enajenada es un sentido de la vida.

***

El sistema económico no genera riqueza, son los individuos que forman la sociedad los que la crean. La riqueza se convierte en una entidad abstracta porque no repercute en las necesidades reales de los individuos sino en su circunstancia alienada.

***

Hemos sido educados como un rebaño abocado a la productividad, ahora también debemos balar como ovejas. Esa es la Teoría de la acción comunicativa de Jürgen Habermas.

***

Tanto el pragmatismo y la Filosofía del lenguaje como Habermas han contextualizado la praxis, pero la praxis no es utilitarismo ni comunicación únicamente ni ambas cosas a la vez, es algo mucho más abierto y abismal. La praxis no se agota en un sistema, ni siquiera en el predominante.

***

Kant sitúa la lógica transcendental por encima de la estética transcendental, es decir, la razón por encima de la sensibilidad. Identifica además la sensibilidad con lo empírico. El miedo a la muerte es el sentimiento principal en la obra de todo racionalista.

***

En este momento no se pretende criticar la ciencia desde un punto de vista teológico, lo que se intenta denunciar es la autocomprensión positivista de la ciencia y su relación con la realidad. La validez de las verdades científicas no se puede seguir fundamentando en una objetividad del periodo metafísico sino en su praxis histórica y social.

***

Las críticas realizadas a la cultura occidental desde la Metafísica han pertenecido y no han podido transgredir su contenido teórico. La crítica nietzscheana a la razón mantiene la conciencia objetiva en sus argumentos, o cae en el biologismo y la supervivencia para justificarse. Nietzsche coopera en muchas ocasiones con la razón de dominio que tanto pretende erradicar porque es incapaz de distinguir entre las potencialidades humanas y el dominio, y de esta forma eleva a Metafísica su antisistema. Aún permanece atrapado en la Filosofía de la conciencia.

La escuela de Francfort recupera esta interpretación nietzscheana de la racionalidad dominante en occidente después de abandonar la primera teoría crítica que era más concreta y menos teórica, y va más lejos que Nietzsche al incluir la razón objetivante en los orígenes de la humanidad y no sólo en el periodo socrático como origen y fundamentación.

El modelo de razón no es exclusivamente creado por la conciencia o por el instinto de supervivencia, ni en el proceso de hominización ni en la Filosofía de Sócrates y el platonismo, sino que viene dado por las relaciones sociales de una determinada época. El modelo metafísico, o la razón predominante varían según la sociedad y sus estructuras de dominio, así como la producción y las relaciones sociales que en ella se den. La crítica de la Metafísica, de la cultura occidental y de la razón, debe realizarse desde la circunstancia concreta y social dada, esto convierte a la Filosofía en praxis crítica y política. Los filósofos que han fundamentado sus interpretaciones en la misma objetividad que rechazaban han pertenecido a clases superiores lo que les ha permitido elaborar una Filosofía pero les ha impedido transgredir las convenciones sociales.

Desde una perspectiva más concreta, se observa que: la razón no ha dado lugar a una razón de dominio o instrumental, ni la necesidad de supervivencia solamente, es la sociedad políticamente organizada de una determinada forma el origen de la ideología establecida, del lenguaje y la conciencia, y lo que ha dado lugar a ese modelo de razón.

***

La sociedad no es una totalidad aunque ideológicamente se pretenda como sistema. Por eso es posible la reflexión y la crítica necesarias para la transformación de la sociedad en algo más abierto, asistemático, justo y racional.

***

La interpretación y su práctica: esa es la conexión entre teoría y praxis, una conexión dialéctica.

***

El lenguaje no tiene una naturaleza ni un origen lógico sino metafórico y no es conceptual porque es socialmente constituido. El lenguaje es un medio de comunicación a través de signos que tienen una significación estética y no de conceptos que se corresponden con una realidad estereotipada; esta última interpretación se basa en que el lenguaje es una facultad de la mente y no un medio de comunicación socialmente originado. La comunicación implica el origen social del lenguaje y la praxis el origen material y social de la comunicación. La praxis como acción comunicativa tiene un constituyente estético porque las acciones, discursos, comunicaciones y la interacción entre el lenguaje y dicha praxis poseen una significación metafórica.

El origen y constitución del lenguaje, lejos de ser procesos lógicos son resultado de la acción social que se desarrolla por medio de estructuras estéticas que son campos metafóricos de significación. El lenguaje no tiene un origen lógico sino social y al ser social, la razón no es pura sino práctica y dialógica; pero además, el significado, es decir, el entendimiento entre comunicantes, no es conceptual sino metafórico, y el lenguaje es metafórico en tanto en cuanto es social, y la racionalidad estética es racionalidad práctica que no pragmática. El cambio de paradigma de una Filosofía de la conciencia a una Filosofía del lenguaje lleva la necesidad de interpretar el lenguaje como no conceptual para no derivar en la misma Filosofía de la conciencia, y de la Filosofía del lenguaje se transmuta en una nueva noción de Estética.

La racionalidad estética está ligada a la praxis y pone de manifiesto la supremacía de la praxis. No se limita a la razón cognitivo - instrumental, ni al pensamiento identificante, ni a ser meramente acción comunicativa. Los intentos de abarcar la praxis e interpretarla desde una perspectiva han conducido al totalitarismo. La interpretación no científica, es decir, no representativa ni identificante, es la estetificación en la que no se corresponde la realidad como absoluta, ni las verdades como puras sino en sus relaciones con la praxis. Los sistemas conceptuales son estructuras estéticas, de ahí su concreción y su origen práctico–social.

***

El arte ha sido considerado ficción y la Estética ficcionalismo. Ahora debemos observar los intereses que se ocultan detrás de esta perspectiva.

***

Considerar el arte como fantasía, error, o algo ajeno a la verdad ha sido propio de la creencia en una razón objetiva fundamentada en la Metafísica del sujeto tradicional que considera la existencia de un espacio de realidad puro y transcendente.

***

Lo que justifica la Filosofía de los ironistas como Nietzsche o Cioran no es una fundamentación en el biologismo, el utilitarismo o en una racionalidad objetiva propia de un sujeto autónomo o místico, sino en que la praxis vital abarca y transciende a la praxis social.

***

El racionalismo crítico de la Modernidad renuncia por primera vez a mantener su contenido emancipatorio con Nietzsche dice Habermas, pero lo cierto es que con Nietzsche y con Marx prosigue el contenido emancipatorio de tal forma que se vuelve crítico con el mismo racionalismo de la Modernidad y, por supuesto, con la Filosofía de Habermas.

***

La verdad como la presentan Habermas y Rorty es una mentira colectiva. La verdad es mucho más concreta que un acuerdo intersubjetivo.

***

La Ilustración y las teorías emancipatorias se han transformado en ideologías nuevamente porque han estado presas de un modelo de razón objetiva, es decir, del mito del objetivismo que convierte toda liberación teórica en sometimiento práctico.

***

El nacionalismo clásico fue un movimiento de liberación de los pueblos, incluso de unidad y solidaridad. Ahora, el nacionalismo no es más que el odio al diferente y el provincianismo que produce la globalización del sistema económico.

***

Reducir la vida a voluntad, ya sea voluntad de vivir o de poder, a existencia, a química, a un simple estereotipo, es lo que han perseguido las racionalizaciones más estrictas. Es tiempo de olvidar las fundamentaciones, "la vida es un abismo rodeado de deseos".

***

¿Por qué complicarse tanto con las apariencias, los remordimientos y el sacrificio cuando el éxito no es más que una falacia burguesa?

***

El miedo como herramienta política de dominación.

***

El arte como vía de escape del inadaptado.

***

Más allá del lenguaje y la idea de mundo, más allá de la universalidad y el contexto, la vida es una historia de amor frustrada.

IV.
EL ANHELO DE LA METÁFORA

La posibilidad de la metáfora

En la metáfora persiste el componente racional e irracional que hay en cualquiera de las racionalizaciones, pero en ella lo irracional es respetado como necesario para su posible estetificación. Lejos de ser negado u oprimido, lo diferente es sublimado mediante la comprensión de su incomprensibilidad: la metáfora no es representación de una verdad absoluta.

La reflexión es otra necesidad en la metáfora para que pueda ser comprendida y no se pervierta en absolutizaciones o en una apariencia dogmática. La reconciliación entre lo racional y lo irracional en la creación artística, el respeto hacia la naturaleza y lo diferente es la racionalidad estética.

El peligro estético, es decir, la dogmatización que da lugar a las metáforas irracionales, la estética como apariencia que encubre el horror de un totalitarismo (la estética nazi, por ejemplo), la estética como apariencia que impide la reflexión, la consideración irracionalista del arte y de la estética en general, conduce al dogmatismo y al empleo metafórico de la explotación y el dominio. La ausencia de racionalidad en los totalitarismos y en el fascismo que emplean metáforas exentas de reflexión, y el irracionalismo estético en su conjunto presentan el peligro que supone considerar la estética sólo como apariencia y la metáfora como mero un recurso poético o artístico. La liberación del arte, de la metáfora y de la estética en general es posible si se considera la racionalidad y la necesidad de la reflexión ética apoyada en la praxis y no en la Teología o la Metafísica, amantes ambas de los conceptos abstractos y la verdad absoluta.

El anhelo de la metáfora supone un deseo de recuperar la inocencia, de volver a sentir ese poder de asombro y curiosidad que teníamos en nuestra infancia, ahora que la mentira de que todo es racional y exacto se ha convertido en lo único verdadero.

La dialéctica entre teoría y praxis

Toda teoría o pensamiento nace de unas condiciones materiales de existencia que a su vez, están determinadas por la praxis social. Esta dependencia del pensamiento, que es la que lo liga a la concreción, se ve en cierta medida liberada en su determinación en cuanto el pensamiento se hace abstracto y contradictorio con la realidad, es decir, se hace dialéctico, y es la base para la transformación y superación de las condiciones materiales y de la praxis social. El pensamiento debe enfrentarse con la realidad y definirla constantemente y no adaptarse a ella. De este modo, el positivismo, el cientificismo y el utilitarismo son Filosofías que proclaman la subordinación y autosupresión del pensamiento porque niegan sus potencialidades dialécticas.

Las máscaras de la represión

La voluntad represiva que adquiere su práctica en la razón de dominio supone que la propia racionalidad sucumba al instinto de supervivencia, al miedo a la muerte, a la objetivación y a su propia instrumentalidad, a la destrucción y la ceguera posesiva, representa la aniquilación del individuo.

En nuestra sociedad lo que debería estar racionalizado, por ejemplo la Economía, y lo que no debería estar bajo el imperio de la razón, lo administrado, como la libertad de pensamiento, tiene su causa en los intereses ideológicos de dominio que ya no se encuentran únicamente en una clase social sino que la expansión y absolutización de la razón económica en todas las esferas de la vida y de la sociedad ha convertido su principio de realidad en la realidad misma, y en la creencia en la racionalidad de esa realidad por parte de la mayoría de los individuos. La ciencia como interpretación del mundo y sus aplicaciones técnicas como ideología del bienestar, el trabajo y la producción como ideología del progreso y la adaptación al medio, la exclusión de los inadaptados y de las posibles alternativas políticas, la verdad como sistema social, el racionalismo utilitarista paneconómico, y la reducción del contexto a una vida estereotipada y planificada sin alternativas pero con libertades jurídico - conceptuales sin relación con la vida práctica, son los elementos que mantienen la cohesión social y la realidad establecida práctica e ideológicamente.

El sometimiento de la Naturaleza, del deseo, de los instintos, de la sexualidad, de todo lo supuestamente irracional o dañino o peligroso, genera una tremenda irracionalidad y deriva de la reducción de la razón a un estereotipo. El estereotipo de nuestra época es el economismo y la dependencia a la supervivencia en un mundo con una riqueza sin precedentes. Este es el absurdo, la sinrazón de la razón, la falsedad de la verdad, la irrealidad de la realidad, y el relativismo de lo dogmático.

El mito de la realidad única

Dentro de un contexto la idea de realidad es común porque dicho contexto es la realidad entendida como las circunstancias comunes e intersubjetivas. Expandir este contexto e identificarlo como universalidad es lo que han intentado los totalitarismos. Las palabras con reciprocidad "verdad, razón, realidad" son formalizaciones de nuestro modo de vivir, el cual identificamos con ellas. Esta perspectiva, que es tanto individual como social y colectiva, demuestra la contingencia y el perspectivismo de nuestra realidad que es una praxis efímera y transitoria. Ante tal precariedad se han desarrollado fundamentalismos y formalismos que pretendían otorgar una base estable y racional al modo en que vivimos y al lugar donde nos hallamos, es decir, fundamentar de una manera abstracta o metafísica nuestra realidad para, de este modo, conseguir la supervivencia y escapar del caos y la muerte. Las racionalizaciones se han extremado hasta tal punto que se ha excluido todo lo que perturbe el sistema racional, la realidad se ha hecho transmundana al mismo tiempo que rutinaria y pragmática. La realidad entendida como absoluto crea la ilusión o irrealidad de que se puede aprehender o racionalizar a ella misma como un Todo. La verdad se concibe absoluta en su relación con la totalidad de lo real y las perspectivas pasan a ser particularidades sin sentido. La racionalidad se ha desarrollado como sinónimo de verdad y realidad haciendo de la adaptación y la sumisión a un poder abstracto su fundamento. La crítica de todo fundamento que pretenda ser sustento y guía de la realidad tiene que abolir el concepto que se deriva de su propia concepción, es decir, el de realidad única. Contra el concepto de realidad única va ligada la crítica al pensamiento único o sistema. El concepto de realidad es metafórico porque designa una perspectiva que nunca abarca en su totalidad, es decir, se estetifica una praxis en cambio constante e inabarcable. Denominamos "realidad" a nuestra circunstancia intersubjetiva y practico – vital, pero si nuestra circunstancia es contingente, efímera y cambiante, además de interpretable, entonces la realidad es así también. Fuera de nuestra perspectiva vital y social se puede pensar en una realidad estable, sistemática, fundamentada, última o única, pero solamente dentro de una noción metafísica o ideológica.

La dimensión política de la estética

Si permanecemos en la definición de sistema kantiana, como reducción de una pluralidad a la unidad, entonces organización no implica sistema. El lenguaje es un medio de comunicación a través de signos, es un conjunto de signos y reglas que permiten comunicarse. Esto convierte a la razón en comunicativa, pero toda comunicación comunica algo. El sentido de la comunicación no es únicamente útil o ideal, es de naturaleza metafórica: lo que se expresa mediante combinaciones de signos que actúan como metáforas (que se dirigen a una significación y son significantes) es un sentido estético y material a la vez. La razón comunicativa es necesariamente estética porque comunica un significado. Dada esta característica y su dimensión práctica, reunificar el lenguaje como un sistema es abolir su naturaleza social y formalizarlo convirtiéndolo en metafísica. El interés en las formalizaciones tanto del lenguaje como el de integrar a la sociedad en un sistema ha tenido su fundamento en la dominación, mediante el idealismo de concebir la praxis como adscrita a la racionalidad se establecen jerarquías y órdenes que mantienen la cohesión social como absolutismo.

Las racionalizaciones se han desarrollado como identidades con respecto a la praxis imponiendo sistemas totalitarios pero si nuestra noción de la racionalidad deriva de la praxis y su interpretación metafórica, entonces esta racionalidad se reconoce como estética y sus consecuencias políticas, lejos de ser neutrales o ficticias como la tradición considera, aparecen.

La relación entre la estética y la política es sinónimo de la relación teoría y praxis, la unidad que la constituye es interpretación en vez de correspondencia, esto supone el fin de las verdades absolutas y el objetivismo, así como del fundamentalismo político o religioso. La interpretación es un conjunto de metáforas que dan sentido a una praxis comunicativa y al mismo tiempo esa praxis origina la interpretación. Entre la teoría y la práctica hay reciprocidad, su negación ha sido el recurso para el establecimiento de la verdad objetiva y absoluta para posibilitar la represión de la sensualidad, la estética y la emancipación y las potencialidades humanas. La organización social en detrimento del sistema social opresor supone liberarse de un poder que condena al ascetismo y que reduce al ser humano a estadística, a objeto. La liberación de las potencialidades humanas necesita de la socialización de las relaciones humanas, es decir, que éstas sean sociales y no mercantiles. La igualdad económica, la socialización de la riqueza, lejos de suponer un igualitarismo intelectual o un colectivismo, representa y manifiesta en su práctica el auge del individuo, es clave para la individualidad: socialización es individualización.

La estética material

El renacer del éxtasis, sentir el éxtasis que se produce al contemplar una obra de arte, por ejemplo, supone una emancipación de la rutina y la banalidad del mercado y un rechazo del utilitarismo predominante que anula los sentimientos. El arte que no sea vano mercantilismo, el arte que no pretenda adoctrinar sino sensibilizar y producir el efecto estético niega la praxis establecida: la belleza es revolucionaria. La estética se muestra en su dimensión práctica como negación de esa praxis, como evidencia de que otra vida y otro pensamiento son posibles, consiste en interpretar para transformar la realidad en otras realidades, interpretar es crear. De este modo, la estética no se reduce a la apariencia, a la
antasía o a la belleza únicamente, su reducción a estos términos viene dada por el destierro de la sensibilidad y la prevalencia de la lógica y el cientificismo. La verdad fue excluida del arte, y el arte como algo ligado a los

sentidos fue convertido en una esfera secundaria y autónoma respecto a la ciencia y la filosofía. La Razón condenó al arte igual que condenó la sensualidad y por eso se condenó a sí misma, porque si la racionalidad no es estética ni sensual pierde su potencialidad crítica entregándose ante el mito. Si hay distintos campos de acción y de creación divergentes respecto al arte, como la moral y la ciencia, ello no supone que se encuentren al margen de la racionalidad estética, la diferencia entre ellos y el arte procede de su relación con la praxis y lo que apartó a estas particularidades fue la metafísica, es decir, la abstracción de la racionalidad y su exilio de la sensualidad y la vida.

La autonomía del arte y de la estética en general como resultado de la "apariencia estética" que llegó a su punto culminante con el idealismo y continúa siendo defendida por su relación negativa con la realidad en algunos sectores postmarxistas sigue siendo un postulado idealista, y las doctrinas hermenéuticas que relacionan las creaciones estéticas como auténticas interpretaciones del ser de la realidad en oposición al conocimiento científico son resultado de una idea de verdad arcaica y necesariamente metafísica. No es la autonomía del arte o de la estética, ideología tan extendida y necesaria en la sociedad capitalista, sino que lo que no es considerado estética no tiene autonomía en relación al arte. Toda racionalización es estetización y lo que diverge son sus relaciones con la praxis. Esto se produce aún cuando la sensibilidad se encuentra reprimida por la violencia y el terror de un modelo sociopolítico de racionalidad objetivista.

El conocimiento como creación

La estética, entendida como el conjunto de las artes y racionalizaciones creativas al margen de la mentalidad objetivista, se opone al dogmatismo científico y a la ontología poniendo de manifiesto el devenir de la praxis y negando la correspondencia y la adecuación del pensamiento con la realidad. La relación del pensamiento con la realidad es dialéctica. La estética mantiene, como racionalidad y sensibilidad, una relación dialéctica con la praxis, es decir, es concordancia y al mismo tiempo refutación, es creatividad respecto a las realidades. Esa es la dimensión política de la estética, que además demuestra la complicidad del modelo objetivista con los totalitarismos. La racionalidad estética descubre las posibilidades de emancipación que se dan en la praxis.

Las doctrinas metafísicas sobre la estética conspiran en la ideología de un espacio al que la crítica no puede acceder, un lugar donde el pensamiento cesa. Esas doctrinas esteticistas que se mantienen actualmente reducen la creatividad a una esfera de irrealidad como si no hubiese relación entre las artes y la política o la praxis. Este tradicionalismo mantiene la represión de la sensualidad y la dialéctica idealista entre el mundo verdadero y el mundo aparente. Contra la consideración metafísica de la estética:"la mano invisible determinista", la crítica material expone que lo que no es la estética es la praxis, y la praxis es el origen y la meta para el
desarrollo de la racionalidad creativa. Crítica, estética y dialéctica son sinónimos en su relación con la praxis.

El refugio del arte

Afirmar que el arte es un mundo ilusorio y aparente con respecto a la realidad establecida es la similar justificación que sirve a la ideología predominante para prescindir del pensamiento crítico. La realidad es evidente por sí misma en la sociedad objetivada, en ella el arte aún mantiene la distancia dialéctica porque es considerado como apariencia. "La Filosofía no tiene utilidad" es la consigna que une tanto a la Filosofía como al arte en sus dimensiones críticas y emancipatorias en una irrealidad ideológica y excluyente que sirve para mantener el orden y la racionalidad adaptativa y sumisa. El arte calificado como aparente, sin libertad e irreal, demuestra la falsedad de una vida no vivida, de una realidad no real. El arte es expresión y manifestación de la vida, si ésta se torna aparente entonces todo es falso.

La dialéctica actual entre el arte y la vida muestra el poder liberador de las racionalizaciones estéticas a la vez que anuncia la imposibilidad de cualquier dogmatismo. Su convergencia con la Filosofía se aprecia en ello, pero la Filosofía mantiene una relación directa con la praxis mientras que en el arte esa relación es indirecta y mediada, incluso frustrante: el arte posee la imaginación y la esperanza que la Filosofía niega en la praxis, y la Filosofía posee una dimensión ética y práctica que
impide al arte la demagogia esteticista. La estética por la creatividad y el pensamiento crítico por su negatividad subvierten constantemente la realidad y contienen una autonomía por ello que deriva y desemboca en la praxis. Arte y Filosofía convergen en la racionalidad estética e intelectualmente sientan las bases de una vida liberada.

Arte y Filosofía

Las interpretaciones estéticas del arte y las interpretaciones críticas de la Filosofía proceden de una determinada praxis, pero la Filosofía siempre sufre un retorno a dicha praxis al intentar modificarla. Su verificación y justificación hacen la práctica filosófica.

El arte esta liberado de ese retorno a la praxis en su forma crítica pero no en su forma liberada por medio de la imaginación (el anhelo de lo diferente y la esperanza).
Tanto la teología como la ciencia, cuyos fundamentos son metafísico – filosóficos, convergen en su procedencia de una determinada praxis estereotipada y desembocan en dicha praxis manteniendo intacta la estructura ideológica predominante: están exentas de elementos críticos ajenos a lo dado.

La Filosofía no puede tener como pretexto el arte, su cometido dialéctico rechaza la reconciliación con la praxis, pero puede ofrecer un lugar privilegiado a la dimensión estética del ser humano sin la que la crítica no tiene función ni sentido. De este modo difieren y se unen la práctica artística y filosófica.

La apertura estética

La realidad establecida se representa como un absoluto, pero en su configuración estético – práctica aparece la posibilidad de pluralismo y apertura. El arte, como último refugio de la racionalidad estética, rompe con la unidad abstracta del sistema de lo real por medio de la imaginación y por esta consecuencia política fue reducido a lo lúdico. Esto fue lo que ha mantenido al arte como una esfera de la racionalidad que no está completamente asimilada al mercado, sino que subvierte constantemente la racionalidad de lo real. La autonomía del arte fue consolidada como el lugar de la ilusión, y el interés político en desarrollar ese concepto se amplió a todo el ámbito de la sensualidad. La cultura acota la estética en la esfera del arte y se transforma en divertimento de masas de esa industria cultural, lo que niega la realidad del arte.

La metaforicidad del lenguaje, las estructuras semánticas y la estetización como principio de las sociedades humanas transcienden el objetivismo en todos sus desarrollos para crear una nueva perspectiva.

La experiencia estética

La estetización de la barbarie: la elegancia y el decorado de los ejércitos, la violencia enmascarada de belleza y racionalidad, la ética aparente de la opresión y el ornamento de los objetos de consumo, demuestra la relación íntima que hay entre la estética, la política y la relación íntima que hay entre la estética, la política y la moral, y que el modelo lógico instrumental es único para todas estas dimensiones. La estética sólo es liberada de su exilio, de su inutilidad, amoralidad e irracionalidad presupuestas cuando sirve a fines objetivistas de dominio.

La necesidad de una filosofía de la praxis que recupere una ética y una estética material está presente en estas circunstancias. El carácter enigmático, sin embargo, no desaparece en las racionalizaciones ofreciendo siempre una apertura, la denominada apertura estética. Ese carácter no desaparece por la estetización que es siempre interpretación; interpretar es en este caso transfigurar. El enigma sólo se pierde en la racionalización objetivista, en el dogma de fe instrumentalizador. El conocimiento creativo se opone de este modo al adaptado. ¿En qué lugar queda entonces la racionalidad si todo lo que hasta ahora fundamentaba nuestro conocimiento, nuestra cultura y nuestra vida no es más que un error descubierto desde la praxis vital y social, desde el origen de la asfixia?

La división entre la esfera del trabajo y la esfera del ocio, y la estetización de esta última, conlleva un tipo de miseria en la abundancia: la vida no vivida. La estetización de lo lúdico responde a una noción metafísica del arte y el placer que los sitúa en un lugar secundario e irreal, del mismo modo que el pensamiento sistemático y metafísico ha situado siempre al mundo de la vida, a la perspectiva vital. Lo racional, lógico, útil y verdadero, corresponde al lugar y al tiempo en el que somos productivos, el resto de nuestras actividades carecen de importancia real, su sentido es subordinado. El sentido se descubre como algo ajeno, dado y opresor en el mundo del trabajo. La principal condición humana es la de ser negada por un sentido metafísico y una actividad alienada en el trabajo reducido a economía. Este sentido es sinónimo de un estereotipo llamado progreso.

La abstracción y el alejamiento de la vida de lo sensual produce la falsa conciencia y la ideología sobre la que se fundamenta la creencia de que el trabajo es lo único verdadero y realmente vivido, el ocio y el placer son ficticios y forman parte de la vida irreal o subordinada. El sentimiento de culpa de los desocupados, de los no productivos o de los mismos trabajadores cuando se encuentran ociosos, y la ausencia de sentido real e individual, son consecuencia de esta mitología de la producción cuya base teórica es el utilitarismo. La vida se transforma en no vida, en trabajo, en domesticación, sumisión y represión, se transforma en muerte. La creatividad queda abolida por la funcionalidad. El interés en la estetización de la esfera lúdica viene dado en que supone un alivio de la represión, al mismo tiempo que el consumo y la propaganda son trabajo realizado desde el aparente tiempo de ocio y sirven, como satisfacción de los instintos y canalización de la violencia y la sexualidad, para alivio de la represión. Para los individuos más indómitos, el alivio de la represión viene dado por las drogas o por el adoctrinamiento gregario más aplastante. El individuo queda anulado física e intelectualmente por la ideología del economismo en la práctica, y en su pensamiento por el desarrollo cultural y filosófico del economismo, es decir, por la logificación técnica y científica. La experiencia estética está reducida junto al tiempo de vida que no es trabajo o funcionalidad racionalista a mera ilusión, por eso se identifican y por eso son identificados el pensamiento, el arte, el placer y lo lúdico como hermosas irrealidades sin finalidad ni sentido.

GLOSARIO

Absoluto: literalmente significa "lo incondicionado", es decir lo que carece de límites y se opone a lo relativo. Concebido como entidad se comprende como "lo divino" que es autosuficiente y necesario.

Adorno (Theodor): filósofo alemán postmarxista, uno de los más importantes miembros de la escuela de francfort.

Alienación: enajenación o extrañamiento de un objeto o persona respecto de su naturaleza. En el sentido marxista que es utilizado el término significa expropiación del individuo de su realidad social, económica, cultural, etc.

Analogía: semejanza establecida entre conceptos u objetos que se comparan o se deducen a partir de correspondencias.

A priori: término que significa "anteriormente", en el lenguaje filosófico se refiere a anterior a la experiencia.

Baumgarten: filósofo alemán del siglo XVII, introdujo el término "estética" y elaboró la comprensión moderna de la misma.

Biologismo: razonamiento o discurso que fundamenta y formaliza la biología para un conocimiento absoluto del ser humano y del mundo.

Cientificismo: absolutización del conocimiento científico como única interpretación válida y veraz, así como su método y pensamiento son considerados la razón auténtica para comprender la realidad.

Cioran: filósofo de origen rumano del siglo XX, cuya obra nihilista, lúcida e irónica representa una crítica a toda forma de pensamiento e ideología que se confirmen como incuestionables.

Cognitivo: perteneciente al conocimiento.

Colectivismo: sistema político en el que la comunidad es dueña de la riqueza y los medios de producción, su importancia y supervivencia se comprende por encima de los intereses y necesidades individuales.

Correspondencia (teoría de la verdad): consiste en la noción de que el pensamiento y la realidad mantienen una correlación o una lógica que da origen al conocimiento. La identidad entre ambos es la verdad que adquiere el carácter de una descripción de hechos en lugar de una interpretación, consecuentemente, la verdad es expuesta como un hecho empíricamente demostrable.

Determinismo: teoría que defiende que todo deviene de causas necesarias no quedando nada al azar.

Dialéctica: razonamiento que consiste en oponer dos términos o conceptos entre sí. El pensamiento dialéctico, para Hegel, es un proceso de negación y mediación.

Escuela de francfort: colectivo de filósofos alemanes que formaron el Instituto para la investigación social en Alemania y que trasladaron a Estados Unidos durante el exilio que vivieron por la llegada de Hitler al poder. En un principio mantenían una orientación marxista pero al tomar contacto con una sociedad de consumo avanzada (la industria cultural) revisan la filosofía de Marx y adoptan una postura crítica frente a la sociedad sin anticipar soluciones utópicas.

Fenomenología: ciencia o estudio de los fenómenos.

Filosofía del lenguaje: grupo de filósofos diversos que centran su pensamiento en el problema del lenguaje como instrumento de conocimiento y cuyas conclusiones se resumen en que las preguntas filosóficas surgen de un mal uso del lenguaje, por eso mismo la solución consiste en definir los términos recurriendo a la lógica formal o examinar los usos de la lengua común.

Funcionalismo: tendencia propia del pensamiento utilitarista que presupone la lógica de que todo tiene una función instrumental. En estética, el funcionalismo pretende asignar a la belleza una subordinación respecto a la función que provoca, es decir, la belleza es un mero instrumento, o más bien, un atributo al servicio del empleo de la obra.

Habermas (Jürgen): filósofo alemán perteneciente a la escuela de Francfort, aunque actualmente su teoría sobre el diálogo como interacción libre entre los distintos individuos y sus reflexiones cercanas a la socialdemocracia le separan de los postulados de esta escuela.

Hecho empírico: las cosas y los acontecimientos (y sus atributos), tal como se dan en la realidad sensible independientemente de la sociedad, cultura e interpretaciones humanas.

Heidegger (Martin): filósofo alemán que centra su pensamiento sobre la problemática del ser. Todo conocimiento de la realidad exige una previa comprensión del sentido del ser, es decir, del fundamento de todas las cosas. Desde esta perspectiva que no deja de ser Metafísica y totalitaria (de ahí sus relaciones con el nazismo) elabora una doctrina existencial y una crítica a lo que el denomina "Metafísica occidental posterior a los filósofos presocráticos griegos".

Horkheimer (Max): filósofo alemán miembro de la escuela de Francfort. Fue el precursor de la denominada "Teoría crítica de la sociedad" en contraposición a la teoría tradicional que corresponde a la Filosofía académica.

Ideología: sistema de conceptos y creencias que pertenecen a un determinado grupo o clase social y que impone una dominación y unos intereses determinados sobre otros individuos o clases sociales.

Lógica: conjunto de signos y reglas que sirven para elaborar un razonamiento correcto. Supone una formalización o abstracción del lenguaje.

Marcuse (Herbert): Filósofo alemán, uno de los pensadores que inspiraron los movimientos de izquierda de los años sesenta en Estados Unidos y Europa. La idea central de su pensamiento consiste en investigar las posibilidades de una sociedad no represiva.

Metafísica: es el conocimiento del fundamento de la realidad. Se ha definido a la Metafísica como un saber radical y general porque su campo de conocimiento abarca todas las cosas y no es una ciencia sino el saber que estructura y da sentido a las ciencias. Después de las críticas a los sistemas metafísicos hechas por el positivismo y el materialismo desde el siglo XIX, ha quedado en un lugar secundario para el pensamiento filosófico y supuestamente alejada de la Ciencia que la asimila al arte o la religión.

Noúmeno: concepto de la filosofía de Kant para referirse a "la cosa en si", es decir, a como es el objeto en sí mismo más allá de como se muestra en la experiencia.

Ontología: ciencia que se ocupa del estudio del ente, la ontología fundamental es la que estudia el ente de los entes, es decir, el ser.

Positivismo: filosofía o ideología cuya tesis principal es el de que todo conocimiento procede de la experiencia tal como lo exponen las ciencias naturales. Es el fundamentalismo teórico de la Ciencia en la actualidad y de todo el conocimiento, incluso el de las humanidades, y su campo teórico e ideológico se expande incluso en los medios de comunicación conformando la idea de racionalidad y saber en las sociedades capitalistas avanzadas.

Praxis: actividad práctica en contraposición a teoría. Desde la perspectiva marxista, la praxis es la actividad humana social y por ello es la base de toda teoría, por eso no hay una oposición entre la teoría y la praxis sino que existe una unidad dialéctica entre ambas.

©Adolfo de Paz, 2007

En caso de querer contactar con el autor, puede hacerlo en el correo electrónico: gus1973adpaz@gmail.com

www.ingramcontent.com/pod-product-compliance
Lightning Source LLC
Chambersburg PA
CBHW031441210526
45464CB00005B/2287